MIX
Papir fra ansvarlige kilder
Paper from responsible sources
FSC® C105338

Bo Saaby Frese Hansen

Hemmeligheder, Maskerade

Hemmeligheder, Maskerade

2024, *Danmark*

Bogen er sat med Amiri

1.*udg.* 1.*oplag*

Forlag: BoD · Books on Demand, Strandvejen 100,

2900 Hellerup, bod@bod.dk

Tryk: Libri Plureos GmbH, Friedensallee 273,

22763 Hamborg, Tyskland

ISBN: 978-87-4305-850-2

Indhold:

- *Tilpasset*
- *Banaliteter*
- *Drukner*
- *Alt forgår*
- *Wingman*
- *Traditioner*
- *Kamikaze*
- *Ubarmhjertige flammer*
- *Snefnug*
- *Stilhed*
- *Tåreregn*
- *Min hverdags rus*
- *Tid med dig*
- *Klasselærer*
- *Femme fatale*
- *Tanke rebel*
- *Tanker i vinden*
- *Savner min muse*
- *Alt er sort*
- *Kulstøv*
- *Afsked*
- *Musik video*

- *Spor*
- *Lykkens uransagelige vej*
- *Vi vil atter mødes*
- *Maskerade – hemmeligheder*
- *Prinsesse*
- *Efterladt*
- *Tænker på dig*
- *På arbejde*
- *Katte'Sorg*
- *Hygge chat*
- *BZ'er*
- *Ildsjæle*
- *En tur i skoven*
- *Retro museum*
- *Forsømte farver*
- *Carpe diem*
- *Fortovs cafe´*

Forord

Nogle vil måske undre sig over denne digtsamling. Derfor vil jeg hurtigt slå fast, at digtene ikke nødvendigvis er autentiske, men snarere delvist inspireret og baseret på en virkelighed, som ikke altid er min egen. Inspirationen har ofte været forskelligartet – fra musik og lyduniverser, der har sat tanker i gang, til store verdensbegivenheder, som har fungeret som afsæt. Ikke mindst har gådefulde og fascinerende hemmeligheder fra forskellige kilder også spillet en rolle, grundigt omskrevet og fortolket. Denne digtsamling spænder over en tidsramme på omkring fyrre år!

Jeg har længe overvejet at udgive mine digte, men det kræver både tid og mod. Nu har jeg endelig taget skridtet og nået frem til, at tiden er inde til at dele dem med andre. Denne digtsamling kredser tematisk om eksistentielle emner som tid, tab, håb, savn og identitet. Disse temaer har på forskellig vis præget mit liv – ikke altid direkte, men ofte på et mere spirituelt plan. Inspirationen kommer fra en bred vifte af oplevelser og indtryk fra livet. Mit håb er, at digtene kan vække genklang, måske endda inspirere, og at læseren kan finde noget værdifuldt i dem.

Bo S. F. Hansen/

***November** 2024*

Tilpasset

Tid til at komme af afsted

Tæller ugerne

Tæller dagene

Tæller timerne

Sidste chance

Fredag giver mig atter -

Men en bombe falder

Det er bare så kompliceret

Når verdenen danser på en knivsæg

Får lyst til at gøre noget drastisk...

For hvilen forskel gør det egentligt

Oprør her og nu

Moral og fordærv

Maskerade og hemmeligheder

Lukker øjnene

Til de mange åbne løgne

Lange skygger

Levende spøgelser

Som bare sidder og venter

Tager mig sammen

bider tænderne sammen

tager en tur til

finder en grimasse, der kan passe
som altid en *tilpasset* maske
'hvordan går det'?
'super, det går fantastisk godt'
Bange for den krakelere
bliver fuldstændigt panisk
løber fra mig selv -
bange for ...
hvad der gemmer sig ...
Min wingman er borte
Mr. singman er væk
Trasker rundt
uden noget mål
Formålsløst
uden mål
målløst
i min egen trædemølle
bytter rundt på dag og nat
ingen forskel på dagene
Alt i grå nuancer
regnvejr 24/7
hvor er det dog trist

Banaliteter

Et skridt frem og så tilbage

De samme hverdage

De samme diskussioner

De samme almindeligheder

Nu tager jeg sgu en kop kaffe

Hvis jeg måtte havde jeg nok puttet mere end sukker

i...

En tiltrængt pause fra alle almindelighederne

En kliché af mig selv

Jeg er sgu ikke bedre selv

Prøver dog at se nuancerne

Svære at se det i det grå

Men smil er der da på

Så jeg klarer en dag til

Med samme agenda

Et rullebånd uden rulle

Hvorfor skal det dog være så trivielt

Drukner

Jeg står her
og svajer
vinden bestemmer
hvad jeg skal gøre
højre-/venstre -
højre om...

Ude på dybt vand kan ikke få luft
åndenød
er ved at blive kvalt
..af hverdagen..
bliver grå og trist
slingrekurs på dødsruten

Tager ud
opdager at der er noget der ude
vågner op
for en kort stund
Finder at
der stadigvæk er liv

Vil have dig med
på mit eventyr
Du skal jo bare sige til

Jeg venter på dig

tænger til luft

ellers bliver jeg kvalt

Får luft

frihed

Jæger dog dit spøgelse

en skygge i døren

en silhuet

Op til overfladen

hvilket sus

hvilken rus

Jeg kan atter ånde

trække vejret

En oase

en lille tropisk ø

smuk som et paradis

fatamorgana

hedonisme når det er bedst

Vandet stiger

på vej under vandet

uden iltbeholder

håber jeg holder til en omgang til

Alt forgår

Tik tak
Hvor tiden dog går
Glemmer ej
Husker det
Som var det i går
Som tiden den dog går
Inden vi ved af det når vi vores efterår
Kun sjatter tilbage
Visne blomster
Indsunkne sølvballoner,
som har tabt pusten
Regnvejr skyllede resten væk
Var det virkelig i går
Vi rejste
Vi kom
Vi så
Vi besejrede verdenen
Stærke vi var i vores vår

Wingman

Prøver at lytte til dig

Sprutten flyder

Tomme flasker

Deprami

Danser i måneskin, med skygger

Følger dig - *Nedad sikkert forfald*

Vi fester deruda'

På den anden side

Flere flasker

Du er jo lige her

Dirrende

Så er jo alt som det skal være

Vi var opsat, på toppen

Hvilken udsigt det var

Falder ned

Mod lyset

Favner os som en barmhjertig sky

Flyver derudaf

Lyserøde, violette, lysegrønne

Hvilken tur det var

Den må vi på igen....

Traditioner

Nytår på slow
Ikke noget flow
Jul på slowmotion
Vi stimler sammen
Selvom vi mest har lyst til at løbe
I hver vores retning
Det hele er jo en stor forretning
Det giver ingen mening længere...
For gode gamle Lenin
For der er intet der fænger
Santa, hvor er du gået hen
Du var engang min ven
Vær nu sød og kom tilbage
Sammen med min mage
Fodspor i sne
Der alt for hurtigt smelter
Vi må indse hver der er ved at ske
En snemand vælter omkuld
den stakkels snemand har fået hedeslag
Ho-ho, det er jul
Go-go, det er nytår wow!
Forfra igen

Kamikaze

Danser på æggen af en kniv

Afgrunden ligger på hver side

Danser som møllet med ilden

Fatal udgang

Leger med kniven

Danser lystigt mellem fingrene

Skarpe vinkler, hvilken fryd

Adrenalinsuset banker på

Giver mig luft

Bliver fri som fuglen

Tumler rundt som et fnug

Tossede tanker banker på

Men der er ingen, der skubber på

Planken ud

Kamikaze

Tåreregn

Svajer i vinden

Så tæt på afgrunden

Vejen er lang og mørk

Kan nu ane slutningen

Skarpt lys

En sang

Sender tanker til dig

Og kun dig

Og jeg husker

Hvor skønt det var

Sommer

Vi dansede i regnen

To nyforelskede teenager

Ikke bange for noget

Ingen kunne tage noget fra os

Ingen havde krammet på os

Savner den tid med dig

Smertefri lidenskabelig

Fordomsfri og uden sorg

Den tid

Med dig

Dansende i silhuet

Mod solen i en regn dis

Dråberne i dit ansigt

Nu blevet min tårer

At savne dig

Et maraton uden ende

Mit hverdags rus

Min gud, hvor jeg dog savner dig
De mange skønne hverdage
Uden dig bliver de grå, lange og kedelige
Det er måske en smule komisk
For det er jo desværre kun platonisk
Jeg savner mit daglige sus
For du ved jo, at du er min rus

Nu står jeg her
Helt alene
Uden mit sus
Tænker på dig
Mit hjerte banker hastigt
Savner min hverdagssus
Uden dig min hverdagsrus
Nu skal jeg afsted, mit sus

Jeg tænker altid på dig
Jeg ved, at du ved, at DU er min rus
Min hverdags sus
Jeg er måske en smule naiv
giv mig gerne et niv

og du skal ikke få et piv
Du er som en sensommer vind
Kommer og går -
Er der engang i mellem

En bane –
du er blevet min vane
Mit hverdags sus
En veninde som dig
Er måske ikke som en leg
Er måske ikke din type
Vil ej krybe

Ser frem til kaffe
Sludre stille i et hyggehjørne
Sammen med dig
Der er jo stadigvæk en plads til dig
Tænker på dig
Ser frem til dig
At kommer tilbage til ***DIG***

Tid med dig

Tiden...

Løber gennem mine hænder som sand

Tiden kan være tung

Det er der, hvor den er allermest ond

Klæber til mine hænder

Når jeg allermest vil af med den

Men tiden med dig

Løber ud af mine hænder

Jeg vil se dig igen

Før tiden løber ud

Bare et split sekund vil

Være poetisk

På en måde, som er ubegribelig

For tiden med dig

Sammen med dig

Går mod lyset for at finde dig

Dig og kun dig

Tid

Tid med dig betyder alt

Der var engang alt var bedre

Hvordan kunne jeg dog ikke have vidst

Jeg takker for den tid vi havde sammen

Nu er alt farveløst

Tiden føles som en evighed

Uden dig

Kom nu og tilbage til mig

Så tiden virkelig kan begynde igen

Med dig

Klasselærer

Jeg troede vi skulle være...
'De første kærester på månen', det blev vi ikke
jeg er måske også en smule naiv
men må måske erkende, at jeg bare er din elev
Hvorfor kan du så ikke bare være min ven
men du er bare ikke på vej derhen

Første gang jeg så dig tænkte jeg,
wow - er det min klasselærer
Du lister rank ind i klassen med
dit lange smukke udslåede sorte hår
En slikpind i mundvigen og et lille koket smil –
jeg er solgt til stanglakrids
Du har ben i næsen
men særdeles kræsen

At være din kollega
Det vil du vist ikke ha', det ka' du da ikke ha'
Julefrokost og hverdagssjov
Hygge og sjov
Tale om hverdags ting
Uden nogen krumspring

Der går min klasselærer

jeg føler mig som en fjollet teenager igen

Siger til mig selv:

'ta' dig sammen, det går jo ikke'

Kom ned fra månen til virkeligheden

Vil du være min hemmelighed?

Så kan jeg måske være din...

Så kunne du være en del af min virkelighed

Det ene ord tog det andet

det er bare så forbandet

Når du ikke giver mig tid til at få det landet

og ikke mindst alt det andet...

Jeg kan se at det måske er lidt fjantet

Men, som det siges:

'hvor intet vover -

intet vinder'

En kommende kollega

hvem ved

hvad der sker

hvilket kun tiden kan vise

Vil gå langt for at få dig med i min virkelighed

håber en dag at få besked

Femme fatal

Jeg mindes dit smukke aristokratiske ansigt

Dine smukke hvide hud

Høje kindben

Smukke smalle næse

Din fantastiske stoiske ro

Som kun jeg kunne rokke lidt på

Spadsere op og ned af gangen

Rank og stolt

Min lokale soldat

Min egen general

Gør alt hvad du sir'

Din kommando

Sort stramt hår

Din stramme sorte uniform

Sig hvad du vil ha'

Og du skal få

Hvad du vil ha'

Ser dig med løst langt sort hår

Du kaster det rundt

Svært ved at fokusere

Ser dit sensuelle smil

Bevidst om dit ydre

To virkeligheder

Min mistress

I dine stramme goth dresses'

Elsker at befale

Min nat goth Queen

Min Femme fatal

Tanke rebel

Fanget i et hamster hjul
Et mønsterhjul
Smiler og finder en grimasse, der ka' passe
Jeg er i din klasse -
Måske ikke fin nok
Er ved at miste besindelsen
Kan ikke klare mere
Vil være din herre
Så kan du være min misstress
I en lille sort stram dressess
De ting vi kunne gøre
At drive hinanden i uføre
Ingen grænser
Kun tanke politiet sætter grænser
Gør os skøre
Lad mig køre
Selvom det måske
Driver os ud i endnu mere uføre

Tanker om dig

Min gud, hvor jeg dog savner hende

Tankerne flyver med vinden

I den kolde morgen

Ser dig for mig

Lukker øjnene…

Tager chancen

Er ved at kører galt..

...men det er det værd

At se *dig* i *denne* skønne morgenstund

Bare for en kort stund

Vil være magisk så poetisk

Ved gud, hvor jeg dog savner dig

Så meget, så det gør helt ondt

Du vil altid være der

Selvom savnet smerter og gør ondt

Vil jeg savne dig

Hvor er det dog svært

Når du ikke er der

Når du ikke er nær

Når jeg ikke kan høre dig

Savner min muse

Savner *dig* så meget
Så smertefuldt meget
Hele tiden
Tænker på *dig*
Håber at
  se dig
Ser en` håber det
Er *dig*
Men nej
Tør ikke
Bange for
Atter at blive skuffet
Savner *dig*
Så det gør *ondt*
Du vil altid havde en plads i
Mit hjerte
Håber at
  hører din stemme
Spadsere de samme steder
Håber at
  møde dig

På min vej

Besøger `vores` steder

Så mange gode stunder

Håber at

høre din latter

Savner *dig*

Savner det *hele*

Forstår endnu ikke

Hvorfor er du her ikke mere

Min vidunderlige muse

Min hverdags helt

Min hverdags drømme utopi

Hos os

Fortabt

Der er intet tilbage

Intet at komme efter

Udsolgt

Fortabt, sidder fanget i et sort hjørne

Minderne er forkrøblet

Visne og sorte

Fortabt

Til mørket

Der måske trækker i mig...

Jeg går i sort

Sorte dystopiske tanker

Der er ikke noget at gøre

Alt er tabt ingen vej tilbage

Sort, - sortere end sort

Fortabt

I det dyster sorte findes

Onde mennesker

Sorte sind

Fordærv & råddenskab

Sølle fordærvede tomme sorte skaler

Bør knuses

For de er fortabte

Ubarmhjertige flammer

Træerne falder

Brændende

Skrigende koalaer og vombatter

Grædende, fortabte

Brandmænd

Dyre holocaust

Verdenen græder med dem

Så meget lidelse

En lille koala med sveden pels

Tramper pivene rundt i det

Glødende asketæppe

Hjerteskærende

En brandmands

Frelse

Men vores lille koala

Genforenes med alle

Sine koala venner

Få dage efter

Sorg

Vemod

Bunker af afbrændte

Kænguruer

Ligger sløvt langs vejene

Kigger med tomme sorte øjne

Fandens besked

Meningsløshed

Alt er brændt

Røg og aske

Fylder lungerne

• Snefnug

De små snefnug

De stakkels små snefnug

Knalder hovedløst mod mit forstadsvindue

De triller ned som tårer

Livseliksir

Det sidste vidensbyrd på at de har eksisteret

På gaden

Samme hovedløse masse kamikaze

Uendelig mange snefnug styrter

Helt lydløst mod

De grå hårde fliser

Indtil de måske kan danne

Et tæppe af

Snefnug krystal kroppe

De kan lande blødt på

En halvkold dag

Tankemylder

Som indre snefnug på

Min tankerude

Måske kan det ses i

Mine øjne

Når snefnug bliver til

Tanke eliksir

Stilhed

Om lidt bliver der stille

Så frygteligt stille

tilbage er kun ekkoet

som nu også er ved at

uddø

Stilhed

soundtracket

gammelt og slidt

fra en svunden tid

lyden af gråd og latter

er nu forstummet

kan nu kun høre

solfigurerne

som stadigvæk energisk danser

de ved ikke

at festen for længst er forbi

Stilhed

så frygteligt stille

så stille at jeg kan høre

mine tanker

nærmest larmende

...

tænder hurtigt for radioen

på mit tv-alter

døsig, så døsig

håber at vågne op til

din stemme

Kulstøv

En lukket baggård

Skovler kul

Så sort som natten

Så selv månen gemmer sig sammen med katten

I skyggerne gemmer de sig

Dæmonerne kigger frem

Sort støv

Skovler, så selv askeskyen hoster

Uhyggelige, dæmoner danser lystigt omkring mig

hoster som en vanvittig

Den store røde måne kigger ned

Omvendte kors

Diabolsk tvetydighed

Står på hovedet

Ying Yangs' dualisme

Hiver værd sin vej

Hvide & sorte skygger

Fletter sig ind i hinanden

Ligesom teater masker :) :(

Ja, det er jo ikke til at forstå

Afsked

Hver gang I tager afsted
Kan jeg ikke hindre
Men ikke desto mindre
At der går noget, en lille smule i stykker
Det kan måske lindre
Alle de lykkelige stunder
Kan det ikke undre
Min lykke
Hver en skål
Op og ned af bakke
Karrusel tur retur
Videre til det, næste fix
Det her skib, sejler med fuldt sejl
Stopper ikke for nogen
Alle er med for fuld skue
Derudaf, fuld skue
Der er dog en, som mangler,
Forbudte tanker
Pas på, `tanke politiet`...
Pas på du ikke taler i søvne
Tid og valg

Hvis jeg da bare vidste

Hvis vi dog bare vidste

Det var jo så nemt

Men nu er det ikke bekvemt

Så derfor gemt

Langt væk, men ej glemt

Håber måske stadigvæk…

Sejler nu videre derudaf

Håber - måske

At finde dig på en øde ø

Et lille paradis med dig

En ny start i Utopia

Musik video

Sidder i det forbandede tog

Glor i en bog

Fyldt med ord

Men fuldstændig tom for mig

Ord som flyder rundt uden mening

Foran sidder mennesker

Med bukkede nakker

Glor stift ned i den flade skærm

Undgår blikkene

Andre glor tomt ud i luften

De ser trætte og lidt opgivende ud

Blikkene er tomme

Jeg lytter til musikken på min radio

Nu er alle med i min video

Lyset er skarpt

Lukker øjnene

- det er sgu meget rart

Krøllede aviser

Alting viser

Nye, men alligevel altid de samme nyheder

Skal ud og købe tomme

Julegaver

Har ikke en klink på lommen

Jeg ved egentlig ikke, had jeg går og laver

Rejser mig tungt

Videre ud i kulden

Møder en hjemløs

Julemand

Han er kun en ung knøs

En stakkels ung mand

Med røde kinder

Det samme tomme blik

I ingenmandsland forvekslet med juleland

Betjente med skarpladte maskinpistoler

Hvad laver de dog foran et julemarked?

Unge kvinder

I korte røde kjoler, godt pakkede

Som æsler

Slæber deres overlæssede mænd

Deres pakker

Men de ved ikke

At de er med i min

Musikvideo

De går i slow til musikken

Mit indre jule/danse- show

På min radio

Spor

Hører dig i vinden

du hvisker sagligt i mit øre

Skønne kærtegn

puster nænsomt på min kind

Berøringen er levende som selve livet

vil blæse og puste forsigtigt med dig

sikke en fjollet leg

Jeg kan vist ikke leve uden dig

Tager hjem... ingen hjemme

du ser på mig i spejlet

Et spøgelse

og ja, vi ser på hinanden

Men vil heller se dig i øjnene

hvis det dog bare kunne lade sig gøre

Lykkens uransagelige vej

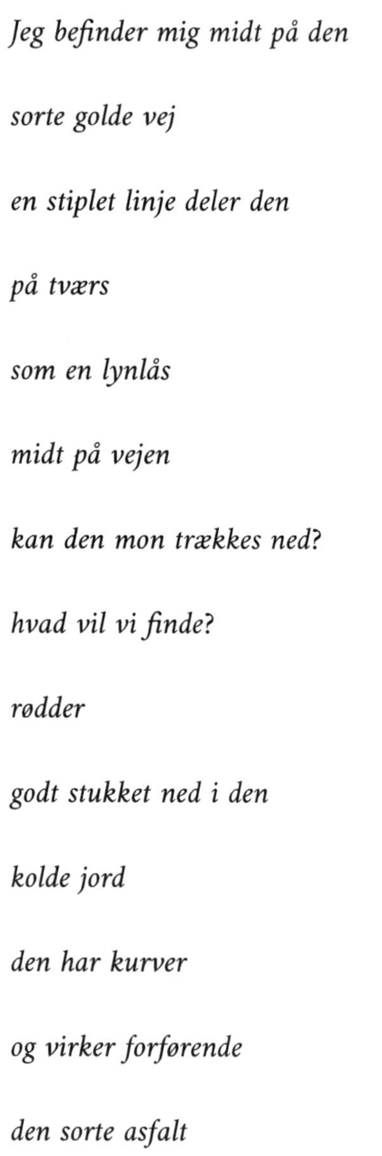

Jeg befinder mig midt på den

sorte golde vej

en stiplet linje deler den

på tværs

som en lynlås

midt på vejen

kan den mon trækkes ned?

hvad vil vi finde?

rødder

godt stukket ned i den

kolde jord

den har kurver

og virker forførende

den sorte asfalt

er dækket af

den hvide sminke

den hvide porøse sne

vejen bliver atter

indtalende og lokkende

men stadigvæk lumsk og farlig

for under den hvide makeup

Får vi indimellem det glatte lag

Så, tag dig i agt!

Næste gang du ser

en sminket landevej

Vi vil atter mødes

Vi mødes atter

på halvvejen

trods de mange

stød

STORE som små

Din lille flirt

med den lårkorte

gør mig ør

så jeg er ved at blive skør

idet du vender dig

hurtigt og vildt

svæver en sød lille lokkende djævel

for en kort stund

Blottende noget af din gyldne hud

Tiden går…

Vi hilser nu

højtidligt og forsigtigt

på hinanden

med vores fælles hemmelighed

Ser på hinanden

med de rette folder

i vor ansigts træk
og vogter os
for ej at tabe dem
vor ansigt træk
En enkelt lille trækning
vogt dig vel
koste hvad det vil
men det lille kokete smil
er som min skytsengel
de sjældne solstrejf
gør hverdagen værdifuld
min solstråle anekdote

Maskerade – hemmeligheder

Du kaster flirtende med håret

Men tager mig ikke på låret

Du bluser, røde kinder

Gir' mig mange skønne minder

Du er voksen

Så se dog at komme ud af boksen

Du er frisk, men det er jo en påtaget leg

I virkeligheden er du jo ganske fej

Du er på en isflage

Mange lange dage

Selv den stakkels isflage fryser når du sidder derpå

Åbent hav

Fryser helt ind i min marv

En bold i luften

Som tabte duften

Konformitet

en form for deformitet

Genkender det nu

Og siger klart fra nu

Måske var det blot en uskyldig voksen leg

Maske leg

Maskerade

Op med endnu en parade

Du er måske en smule fej

Føl efter, var det nu virkelig bare en leg

Dilettant skuespil med et påtaget smil

Går gerne en ekstra mil

For at være en del af dine drømme

Du er måske en tom sjæl

Sætter ikke aftryk

Du er nu skøn

Hør min bøn

Men dit ansigt

Viser tydeligt at du ikke har nogen hensigt

Ekkoet er der stadigvæk, endnu ikke klinget af

Prinsesse

Der er så stille

der er kun ekkoet tilbage

Savner dig, min lille pige

ser på noget af dit legetøj

trækker i en snor

en vuggevise sætter langsomt i gang

højvande, som løber over

ønsker at sige go' nat

men du er her ikke

Savner dig, min lille pige

prøver at finde dig herhjemme

måske en gemmeleg

men du er her ikke

ser ud i haven

gyngen blæser frem og tilbage spøgelsesagtigt

larmende stilhed

der er så frygtelig stille

Efterladt

Jeg leder efter din skygge

det eneste der er tilbage er duften

I dit efterladte tøj

Jeg knuger det krampagtigt

for at dufte dig og håber måske at mærke dig

Lytter til din playliste

igen og igen

Prøver at opleve dig i rummet,

Lukker øjnene

forestiller mig at du sidder *der* ved siden af mig

Men du er væk

læser dine breve, du gav mig

Puster støvet væk

ser på vores fjollede videoklip

Vi ser så unge og nysgerrige ud

ser på den tomme sofa

Alt for meget plads

Alt for stille

Går de samme ture

Igen og igen

Håber jeg tager fejl og.... ja

At møde dig igen

Ser på billeder...

Vi ser så lykkelig ud

Går på indkøb, *alene*

Kigger ind i ruden

Synes jeg ser dig ved min side

Husker nu igen

Og flyder hen

Tænker på dig

Søde ord blæser i vinden
der hviskes stille blandt poplerne
som nænsomt hvisker i mine øre
de ved at jeg tænker på dig
Kun dig

Jeg går og dagdrømmer
falder næsten over mine egne ben
snubler i mine snørebånd
Når jeg tænker på dig
Kun dig

Forvirret teenager
med røde kinder
tiden står stille
Når jeg tænker på dig
Kun dig

Ser tomt ud i luften
står så stille, groet fast
at en hund tror
at jeg er et poppeltræ
Når jeg tænker på dig
Kun dig

Smukke kærester går

hånd i hånd

tosomhed

Så forelskede

Når jeg tænker på dig

Kun dig

På vej over vejen

ser på billeder af dig

En´ tager fat i mig, *'**PAS PÅ**!'*

Når jeg tænker på dig

Kun dig

Tager hjem

vil nu skrive digte om dig

så du føles levende

Når jeg tænker på dig

Kun dig

På arbejde

Frem og tilbage
De samme hverdag
De samme diskussioner
De samme almindeligheder

Nu tager jeg sgu en kop kaffe
Hvis jeg måtte havde jeg nok puttet mere end sukker
i..
En tiltrængt pause fra alle almindelighederne
En kliché af mig selv

Jeg er sgu ikke bedre selv
Prøver at se nuancerne,
Svære at se det i det grå
Men smil er der da på

Så jeg klarer en dag til
Med samme agenda
Et rullebånd uden rulle
Hvorfor skal det dog være så trivielt

KatteSorg

Jeg savner

- da du kradsede energisk på døren

- da du 'sagde' godmorgen

- at møde dig rundt omkring

- at du kærligt vedvarende bad om mad

- at du drak vand fra vandhanen og du vaskede din pels

- at give dig morgen medicin

- at nulre dine øre

- at lege med dig

- at se dig drøne rundt i stuen

- at åbne katte julekalender sammen med dig og din ven

- at se dig slappe af i sofaen, lænestolen eller i din kurv

- at sidde ved siden af dig og hygge med dig og se tv

- at have dig i mit skød

- at se dig sove

- at mærke din varme

- at ae dig

- at pleje dig og soignere dig

- at skifte grus og rense din bakke

- at hjælpe dig

- at passe på dig

- at du lavede lidt ballade

- at få en lille mus i ny og næ

- at se ind i dine smukke grønne øjne

Vores fantastiske skovmis har nu forladt os

åndede ud efter et langt og spændende liv

fulgte os trofast gennem hele vores ægteskab

Men nu er det slut

Jeg savner dig...

Jeg savner..

Jeg.

.

Hygge chat

Ups, så spildte jeg igen
men det var vist bare en lille sjat
sikke noget pjat
skriver ivrigt sammen
nat & dag
savner hurtigt dine lette ord
Hygge chat
husker dine grønne øjne
så smukke og levende
Glæder mig til at se dig igen
Hygge chat
et par dages standby og jeg er helt fortabt
får næsten abstinenser uden vores
Hygge chat
Vores lille uskyldige hemmelighed
naive, ufarlige hverdags ting uden bid
Gid det kunne være mere
så meget mere
Men sådan skal det ikke være
det må jeg vel se at lære

BZ'er

Jeg føler mig sgu en smule beklemt
For min far han er betjent
Endda en såkaldt, *urobetjent*
Så er det sgu ikke nemt
Når man er BZ'er
Når jeg er med til alle deres protester
Tør jeg sgu ikke ta' hjem
Selvom døren står på klem
Måske ligger han *der*, på lur
Gir' mig en tur
I sit salat bur
Medens jeg ligger der...
I benlås fladt mod gulvet
Min kære far, er jo urobetjent
Så kan det sgu ikke være nemt
Min far mener nok at jeg en ungdoms rebel
Så vil jeg kalde ham for borgerskabets æsel
Vi spiller Matador
Jeg havner sgu altid i fængsel
Når jeg spiller med min kære far

Ildsjæle

En forvirret ildflue i en flaske

Med krudt i rumpen

Bliver til aske

Hører en svag brummen

Altid så meget fart på

Dobbeltspil – en bluff maske

Maskerade dobbeltspil

En slags facade om så

Glemmer alting

Hører alt uden filter

Ser alt uden filter

Hvis det ellers giver nogen mening

Hvide kittler

Løber forvirret rundt

Som ildfluen i flasken

Det er sgu ikke sundt

Så meget at nå...lige nu

Hvis det ellers giver nogen mening

Hvide kittler

løber forvirret rundt

Som ildfluer i en flaske

Det er sgu ikke sundt

Lidt medicin

Giver 'Lucy in the sky'...

Deres morfin

Den daglige benzin

Nu blevet til billig hverdags papvin

En tur i skoven

Poplerne hvisker hemmelighedsfuldt til hinanden

ord flyver i vinden

nogen daler ned til mig

giver mig vidunderlig inspiration

Hvis boblerne i bækken kunne tale

vandet flyder roligt

er i zen med sig selv

græsset dufter skønt og grønt på en fantastisk

forårsdag

alt i flor

fuglene er ved at have travlt

men giver sig tid til at synge en strofe for mig

Harmoni og ro

tankerne flyder hen på dig

mere inspiration for to

En smuk humlebi brummer forbi

giver mig flere ord

Retro museum

Jeg går rundt i et museum
Mit eget retro museum
Savner indimellem noget fra de svundne tider
En stemning
Og de mange hemmeligheder
Som ikke kan sættes på et museum

Prøver at følge med tiden
Men opdager indimellem
Støvet på mine skuldre
Er bange for at blive en del af mit eget
Retro museum
Vil ikke være kustode

Et mysterium
Hvor er de mange hverdags ting
Nu samler de kun støv på mit
Retro museum
En minde
En svunden tid
Hvor telefonen ofte ringede

Mor & far

Så tv sammen

Hyggede sammen

Nu falmede billederne

Fra den svunden tid

Jeg savner dog

Et stykke souvenir

Et relikvie

Og kun *du* ved hvad det er

Som ikke kan puttes bag glas og ramme

Fra en svunden tid

Går nu igennem min egen retro verden

I retrospektiv

Kan nu se at jeg måske

Ikke kan finde ud

Er ved at blive en del af mit eget

Retro museum

//Forsømte farver//

Du er nu blevet mit epitafium

Et vidunderligt sammensurium

Af skønne ungdomsminder

Alle mulige farver og nuancer

En regnbue, hvor mol farverne også er med

En palet intet forsømt, undladt eller glemt

Til tider var vi nat & dag

Hvorfor dog pynte på virkeligheden

Det var jo en rutsjebane tur

Vidunderligt på toppen

Men frygteligt langt til bunden

Prøver atter at finde noget vidunderligt fra den tid

Et relikvie, en reminiscens

Blot et lille spor

Vil rede min dag

Jeg fik da mit monument

Hvis du bare viste hvor godt det gik

Ønskede dog så meget mere

En bittersød succes

Uden dig med på turen

Håber stadigvæk

At vores veje fører sammen

Lad os en dag prøve at blande farverne igen
Eksperimentere
Se hvad der sker

Carpe diem

På Bastille dagen fandt vi sammen
Og så var det fryd og gammen
Jeg greb dagen
Tog chancen
Hvilket eventyr det blev
En smuk yndig fransk godte
Altid humor og et smittende smil
Sød, smuk, charmerende
Som blomsterne i Jardin de Fleurs
Altid sommer, hvor vi gik
Vi var så ubekymrede og fri
Det var her vi blomstrede
Paris, hvor jeg dog savner den by
de skønne dage
Min vilde ungdom
Uforsigtig og rastløs
Cafe', fest 24/7, venner, det var herligt
Vi slutter med et inderligt
Fransk kys

Fortovs cafe

Sidder på en fortovs cafe´
Ser på en stakkels snemand
hænger med sin røde næse
ved at få hedeslag
På en smuk lun vinterdag
klar himmel
nyder den lune kaffe med dig
Du taler intenst
men jeg har mest fokus på dine
smukke grønne øjne
Ser på dig
virker lyttende
men er i virkeligheden observerende…
du skulle bare vide hvad jeg
virkeligheden tænker på
Folk passere forbi
smukke mennesker der
afspejler det mondæne kvarter
flasher deres nye smarte
alt for dyre vintertøj
En stakkels mink eller to har måtte
lade livet

Du fortæller ivrigt om dit arbejde
nærmest forelsket i
virker lykkelig
Du er skøn og dejlig
men hører vi virkelig til her på denne
Fortovs cafe´
Tager et sip af min stadigvæk
varme kaffe
Og siger *'ja'*
En kaffedate
Var hvad det kunne blive til, på denne
dyre mondæne fortovs cafe´

En stor del af livet bliver brugt på først at sige:

'Det er for tidligt'

og siden

'Det er for sent'.